Für Mama und Papa

„Liebe ist die Fähigkeit und die Bereitschaft, den Menschen, an denen uns gelegen ist, die Freiheit zu lassen, zu sein, was sie sein wollen, gleichgültig ob wir uns damit identifizieren können oder nicht."

George Bernard Shaw

Helga Wilmes

"Erbsentheorie"

Wieso es Spaß macht im richtigen Element zu leben

Bibliografische Information der Deutschen Nationalbibliothek: Die Deutsche Nationalbibliothek verzeichnet diese Publikation in der Deutschen Nationalbibliografie; detaillierte bibliografische Daten sind im Internet über http://dnb.dnb.de abrufbar.

© *2016 Helga Wilmes*

Illustration: **Krikelakrak**

Herstellung und Verlag: BoD – Books on Demand, Norderstedt

ISBN: 978-3-7412-8019-1

Inhaltsverzeichnis

- ☺ Vorwort 7

- ☺ Einleitung 12

- ☺ Höflich –Hartnäckig- Hilft 25

- ☺ Take it - Change it- Leave it 36

- ☺ Die Erbsentheorie 47

- ☺ Glaubenssätze + Sichtweisen 56

- ☺ Abschließend 69

- ☺ Ein dicker Dank geht an 83

„Du bist der wichtigste Mensch in Deinem Leben. Also behandle Dich auch so!"

Vorwort

Kennen Sie die Pinguin-Geschichte[1] von Dr. Eckhart von Hirschhausen?

In dieser Geschichte geht es darum, wie schnell wir jemanden unterschätzen.

Dr. Eckhart von Hirschhausen beschreibt sein Erlebnis mit einem Pinguin. Aufgrund seiner ungewöhnlichen körperlichen Beschaffenheit (Zitat: „Hat der Schöpfer bei Dir die Knie vergessen?"), urteilte er damals: "Fehlkonstruktion".

Sie kennen das Vorurteil, das Pinguine Vögel sind, jedoch nicht fliegen können.

Dabei ist es inzwischen bekannt, dass diese Tiere sehr wohl fliegen können. Sie fliegen durch das Wasser!

Ich empfehle diese Geschichte ständig weiter, denn es wird so viel Wahres darin beschrieben zu den Themen:

- Wertschätzung der eigenen Person und seinen Fähigkeiten,

- Vorurteilen anderen und sich selber gegenüber,

- wie wichtig die richtige Umgebung für einen ist, damit die eigenen Vorzüge und Stärken ideal eingesetzt werden können.

Es ist ein humorvoller Weg einige Menschen zum Nachdenken anzuregen.

Im besten Fall erkennen sie aus der Geschichte etwas für sich und optimieren ihr Leben entsprechend

Sich wertzuschätzen beinhaltet sich selber glücklich, energiegeladen und zufrieden zu fühlen.

Das Verhalten und die Fähigkeiten von anderen Menschen dabei auch noch zu akzeptieren hat den gleichen Effekt.

Mich erinnern Pinguine inzwischen auch daran, dass ich meinen ersten Eindruck überdenken darf.

Dass es Menschen gibt, die sich ihrer eigenen Vorteile vielleicht nicht bewusst sind.

Es durch genaues Hinsehen, Hinhören und Hinnehmen von Situationen noch besser im gemeinsamen Umgang miteinander klappt. Egal ob es sich um die Beziehung zum Partner oder den Kindern geht.

Auch im Alltag führt eine gesunde Mischung *Pinguineinstellung* dazu.

Das eigene Element zu nutzen und es größtmöglich zu nutzen stehen verschiedene Mittel zur Verfügung.

- Die eigene Einstellung
- Die Kommunikation mit anderen und mit mir
- Die Sicht auf die Welt
- Die Akzeptanz anderer und auch meiner Person

Viel Spaß beim Stöbern in diesem Buch und ggfs. auch sich an der einen oder anderen Stelle selber zu erkennen.

„Ich glaube, das Lächeln in meinem Gesicht gehört Dir,,

Einleitung

Schön, dass Sie sich dazu entschieden haben das Buch über das Vorwort hinaus zu lesen.

Oder haben Sie vielleicht das Vorwort gleich übersprungen? Menschen sind so toll unterschiedlich.

Ich selber habe früher immer die Vorworte übersprungen.

Bis ich feststellte das dort teilweise ganz tolle Tipps vorab platziert werden.

An dieser Stelle ein Dankeschön an Thorsten Havener. °°

Diese Erkenntnis, dass Menschen unterschiedlich sind und sich auch unterschiedlich verhalten, beinhaltet auch, dass sie vielleicht anders handeln als ich.

In solchen Situationen denke ich auch oft an die Pinguine. Sie fliegen eben auf ihre Art. Genauso leben die Menschen auch auf ihre Art und nach ihrer Facon. Zu wissen, dass wir alle unterschiedliche Sichtweisen und Fähigkeiten nutzen und dies anzuerkennen, ist mein Ziel.

Also was bringt es mir, andere zu verstehen und ihre Sichtweisen und Fähigkeiten wertzuschätzen?

Menschen in den verschiedensten Situationen entsprechend positiv zu begegnen ist eine Form effektiver und nachhaltiger Motivation.

Und zwar Eigen- und Fremdmotivation!

Stellen Sie sich vor, Sie sind zum Einkaufen. Ihnen fällt auf, dass die Kassiererin schöne Fingernägel hat, eine tolle Frisur, was auch immer. Sagen Sie es der Kassiererin? Ich meine, wenn es der Dame selber nicht wichtig wäre, dann hätte sie auch mit abgebissenen Nägeln und Bad-Hair dort sitzen können. Und da beginnt für mich das Thema der Wertschätzung. Ich gebe mittlerweile gezielte Rückmeldungen in Form von Komplimenten, indem ich sage:

Tolle Nägel haben Sie!

Die Reaktion ist übrigens immer die gleiche. Erst werde ich erstaunt angeschaut. Dann beginnt das leichte Lächeln.

Ich habe mich dabei ertappt in diesem Moment selber auch gute Laune zu bekommen. Schließlich werde ich ja dann auch oft angelächelt.

Motivation ist das, was viele Menschen dazu bringt etwas zu bewegen und sich für etwas einzusetzen. Sofern dann auch noch ein sichtbarer (in diesem Beispiel wohl eher hörbarer) Erfolg, ein positives Echo dabei herausspringt, dann sind wir in dem Bereich wo Menschen andere Menschen begeistern und somit glücklich machen.

Dabei ist es egal wann und wo sie jemanden zum Lächeln bringen.

Ob es ein Treffen mit Freunden, die Fahrt in einem Bus, ein Konzertbesuch, das Warten in der Einkaufsschlange, ein berufliches Meeting ist. Dies alles sind Gelegenheiten, um diese tolle, positive Stimmung zu verbreiten.

Irgendwie geht es im Alltag immer wieder darum das Miteinander so zu gestalten, dass es für jeden einzelnen noch angenehmer wird.

Mein Verhalten und Umgang mit den anderen Menschen, kann diese Menschen in ihrer Stimmung positiv beeinflussen.

Irgendwie hatte Oma doch Recht:

„Wie man in den Wald hineinruft, so kommt es zurück! "

Ich habe von dieser Studie gelesen, in der es um die Hilfsbereitschaft von Menschen ging. Es sollte dabei erforscht werden, wann die Menschen zur Hilfsbereitschaft neigen. Auch wurde getestet, ob es durch äußere Einflüsse möglich ist, einen Menschen zur selbstmotivierten Hilfe anzuspornen.

In den durchgeführten Tests, hat eine Frau auf eine Person gewartet, die ihr entgegenkam. Fast auf gleicher Höhe angelangt fielen ihr mehrere Dinge aus der Hand. Jetzt wurde notiert, wie oft Menschen beim Aufheben geholfen haben. Danach änderte man den Ablauf, so dass die entgegenkommende Person bevor sie auf die Frau traf, von einer anderen Person freundlich angelächelt wurde.

Man hat dabei auch festgestellt, dass die Hilfsbereitschaft der Personen, die kurz zuvor von einer dritten Person angelächelt wurden, um enorm stieg.

Unglaublich! Ein Lächeln reicht um Menschen zu mehr Hilfsbereitschaft zu motivieren?

Begründet wurde dieses übrigens damit, dass die helfende Person durch das

Lächeln sich so gut fühlte, dass es unbedingt jemand anderen auch etwas Gutes tun wollte. Seitdem ich das gelesen habe lächle ich immer mehr im Alltag…. Und erlebe zum Thema Hilfsbereitschaft fremder Menschen genau das: es funktioniert!

Was hat das mit den Pinguinen zu tun?

Jeden Tag aufs Neue begegnen wir Menschen mit denen wir beruflich oder auch privat kommunizieren. Immer wieder kommt es zu Situationen wo aneinander vorbei geredet wird. Als ob einige Menschen mit unseren Worten nicht *erreicht* werden. Und es kann daran liegen, dass sich die jeweiligen Kommunizierenden in unterschiedlichen Elementen (jeweils ein Vogel aus dem Element Luft und einer aus dem Element Wasser) unterwegs sind.

In den letzten Jahren stieß ich auf verschiedene, tolle Anregungen von Menschen, die mein Leben zeitweise begleitet haben. Mir wurde immer bewusster, dass Menschen nun mal unterschiedlich sind. Also hat jeder sein eigenes Element! Einige Elemente verbinden sich schneller und besser. Einige stoßen sich eher ab. Keine Sorge, ich werde hier keine chemischen Verbindungen aufzeigen, dazu fehlt mir auch absolut das Grundwissen. Chemie war in meiner Schulzeit mein schlechtestes Fach. Wobei ich in der Phyro-AG war. Wir haben uns in dieser Arbeitsgemeinschaft damit beschäftigt möglichst viel so zusammenzumischen das es knallt, explodiert oder wenigstens stinkt. Das hat wirklich Spaß gemacht. Nur hat es sich nicht auf meine Note ausgewirkte, das ich reges Interesse an dieser Arbeitsgemeinschaft und an den jeweiligen Reaktionen der Elemente hatte. Vielleicht weil ich nicht erklären konnte was da passierte. Ich sah nur das Ergebnis dessen, was ich tat. Entweder es gefiel mir, oder eben nicht.

So ist es auch bei vielen tollen Tipps zum Thema „Kommunikation".

Sie werden in den unterschiedlichsten Medien zur Verfügung gestellt. Alle Ideen zur Verbesserung haben ihre Berechtigung. Es kann Spaß machen diese Tipps auszuprobieren. Ob es allerdings alltagstauglich ist und zum gewünschten Ziel führt, zeigt sich dann anderweitig.

Um bereits ausprobierte und erlebte Ideen geht es nun hier im Buch. Keine neue Erkenntnis, denken nun sicher einige. Stimmt vielleicht. Für mich war es neu die entsprechenden Werkzeuge an die Hand zu bekommen. Kleine, schnell wirksame Handlungs-und Denkweisen, die es ermöglichen eine Angleichung der Elemente herzustellen. Und zwar ohne die Gefahr von Knall und Gestank.

Einigen Menschen wird eingeredet, dass Veränderungen nur schwer zu erreichen sind.

Kommunikation zwischen Menschen schwer zu entschlüsseln und durchblicken sei. Meine Sicht hierzu ist eine andere. Ich glaube an schnelle und einfache Veränderungen.

Grundlegend dafür, ist auf der einen Seite der Wille dieser Person etwas Neues umzusetzen und auf der anderen Seite auch flexibel zu sein und andere Sichtweisen einzunehmen.

Denn Menschen sind unterschiedlich. Sagte ich das bereits?

Das ist auch der Vorteil der Pinguine. Ihnen hat niemand gesagt, dass Sie eigentlich gar nicht *vollkommen* sind. Das ihnen zur Beweglichkeit eigentlich noch Knie fehlen. Sie nehmen die ihnen gegebenen Rahmenbedingungen an (Statur, Umfeld etc.) und sind glücklich.

Um in dem Bild der Pinguine zu bleiben:

Kennen Sie die Pinguine aus dem Film Zeichentrickfilm *Madagaskar*?

Sie lassen die Welt um sie herum sich drehen und gehen dabei ihren Weg.

Sollten Sie dabei auffällig wirken, dann stehen sie stur da, lächeln und winken.

Sofern Sie also von außen beeinflusst werden sollen oder man an ihnen herumkritisiert, denken Sie an diese Pinguine. Denn sie haben einen tollen Umgang gefunden, wie sie mit diesen negativen Manipulationen von außen umgehen:

Stur lächeln und winken :-)

Oder wie die Fußballer es sagen: Mund abputzen und weitermachen.

„Die richtige Denkweise erkennt man daran,

dass sie glücklich macht."

Höflich Hartnäckig Hilft

Grundsätzlich gilt: Wenn ich etwas möchte, dann frage ich danach.

Wird mir mit NEIN geantwortet, kann ich unterschiedlich mit dieser Antwort umgehen.

Eine Möglichkeit, ist die anscheinend meistangewandte und leider auch wenig charmante Rückfrage: „Warum nicht?"

Erstens möchte ich als die Person, die NEIN gesagt hat, nicht erklären müssen, wieso ich etwas nicht möchte.

Solch eine Nachfrage drängt mich in die Enge und es entsteht vielleicht das Gefühl der Rechtfertigung.

Das wiederrum lässt mich im Zweifel bockig werden. Ab nun hat diese Person keinen leichten Stand bei mir.

Ich werde gewappnet sein und eine Standardantwort parat haben. Und diese Antwort wird mir meine Ruhe sichern und den anderen auf Distanz halten.

Wieso? Weshalb? Wieso? Wer kleine Kinder in seinem Umfeld hat bzw. hatte erinnert sich an das Alter als wirklich ALLES hinterfragt wurde. Sie kennen das Gefühl das bei der Frage „Warum?" aufkommt. Denn hartnäckig wie diese kleinen Menschen sind, reicht eine kurze Antwort meist nicht aus. Die bereits beantwortete Frage wird erneut mit „Warum?" in Frage gestellt.

Keine weitere Antwort parat zu haben, beziehungsweise eine aus Sicht des Kindes unzureichende Antworten zu geben, lässt den Erwachsenen dann irgendwie etwas doof dastehen.

Gerne reagieren Erwachsene dann nach mehreren Warum-Fragen genervt.

An dieser Stelle: Vielen Dank dafür liebe Eltern, Großeltern, Onkel, Tanten und weiterer Anwender der obengenannten Reaktion. Ich durfte jahrelang als Verkaufstrainerin und Coach tausenden Teilnehmern in den Seminaren und Coachings beibringen, dass die Eigenschaft Fragen zu stellen eine sehr gute Fähigkeit ist.

Denn aus ihrer Kindheit wussten die Teilnehmer noch genau, wie man auf ihre Fragen reagiert hat und viele hatten noch die Worte: „ Nun sei endlich still und frag nicht so viel" im Ohr.

Die Frage ist ja legitim. Wie sonst soll ich meinen Gesprächspartner zufrieden stellen, wenn ich nicht Nachfragen darf?

Genau das gleiche gilt für mich allerdings auch im Beziehungsalltag. Wenn ich nicht genau weiß was mein Partner meint und ich auf Nachfragen verzichte, schaffe ich vielleicht eine Wildnis an dann möglichen Missverständnissen.

Hier beginnt das große Feld der Annahmen. Wir nehmen an, dass der andere es so oder so meint. Zum Thema der Annahmen kommen wir noch später.

Wie schaffen wir es Transparenz und gegenseitiges Verstehen in unsere Kommunikation zu bringen?

Nur durch Fragen können wir uns ein Bild davon machen, was die andere

Person oder eine bestimmte Sache betrifft.

Somit wären wir bei einer weiteren Möglichkeit auf ein NEIN zu reagieren. Es als ein NEIN, NOCH NICHT zu verstehen. Das bedeutet dann, dass wir in einer angemessenen Zeit erneut nachfragen. In wie fern die Zeit angemessen ist, ergibt sich aus dem Thema auf die sich unsere Frage bezieht.

Sofern es darum geht noch am heutigen Tag einer Veranstaltung beizuwohnen, macht es eben wenig Sinn erst morgen erneut zu fragen.

Auch hier kann ich mir gut vorstellen wie einige denken: „Ich frage doch nicht ein zweites Mal! Wenn jemand einmal NEIN gesagt hat, dann brauch ich nicht erneut fragen."

Was passiert wenn wir eine Frage ein zweites Mal stellen? Gerne erläutere ich das an einem Beispiel:

Nur einmal angenommen, Sie möchten mit jemanden ins Kino gehen. Sie fragen diese Person und bekommen eine Absage. Das ist bestimmt für Sie eher unangenehm, denn sie hätten gerne die Zeit mit dieser Person verbracht und fühlen sich jetzt zurückgewiesen.

Was passiert, wenn Sie nicht locker lassen und die Person in der nächsten Woche erneut fragen? Vielleicht bekommen Sie wieder ein NEIN. Allerdings wird die von Ihnen angesprochene Person Ihnen mehr Aufmerksamkeit entgegen bringen, weil Sie erneut gefragt haben. Es ist eher ungewöhnlich nach einer gegebenen Abfuhr erneut gefragt zu werden.

Spätestens jetzt geben leider viele Menschen auf. Es ist wohl eine Mischung aus Stolz „ ich biedere mich doch nicht an" und der Annahme „der andere mag mich wohl nicht", die davon abhält dran zu bleiben.

Nur ist genau das der einzige Trick. Tu Unerwartetes!

Ein Kollege sagte mal zu mir: „ Also wenn ich nicht so hartnäckig geblieben wäre, dann wäre meine heutige Frau nicht mit mir ausgegangen."

Ja!! Höflich hartnäckig hilft.

Wenn Sie immer wieder fragen, dann wird dem Gegenüber irgendwie klar, dass sie ein Interesse hegen. Diese Form der Aufmerksamkeit mag für einige Menschen ungewohnt sein.

Wenn Sie glauben, dass es die andere Person nervt mehrfach gefragt zu werden, dass es aufdringlich ist, dann stellen Sie sich bitte die Frage wieso Sie so denken.

Freundlichkeit und eine positive Ausstrahlung mag einigen Menschen wie ein Flirtversuch vorkommen. Wer das glaubt zeigt, wie weit wir von einem normalen Umgang miteinander entfernt sind.

Wie wenig im Alltag darauf geachtet wird andere Menschen wahrzunehmen und ihnen freundlich zu begegnen. Ist es tatsächlich so, dass es aufdringlich wirkt?

Meine Erfahrungen sind da anders. Liegt es an der erneuten Frage, das die Menschen genervt wirken oder liegt vielleicht einfach daran, dass wir instinktiv spüren, ob jemand etwas ernst meint oder nicht.

Auf der anderen Seite fühlt sich ein JA bei mir besser an als ein NEIN. Abgelehnt zu werden kann als Abwertung verstanden werden.

Ein NEIN hört sich so endgültig an. Ob das der Grund ist, wieso diese Frage oft nie erneut gestellt wird?

In meiner Ausbildung im Bereich der Kommunikation hat ein toller Mensch zu mir gesagt:

„Helga, wenn Du nicht fragst, hast Du zu 100% ein NEIN. Bei jedem Mal wo Du fragst, steht die Chance ein JA zu bekommen bei 50/50."

Wenn ich grundsätzlich immer schon ein NEIN habe, kann es also nur besser werden.

Interessante Sichtweise, oder?

Also einfach mal ausprobieren.

„Wir wissen nicht, was andere Menschen denken oder fühlen.

Wir interpretieren ihr Verhalten und sind dann wegen unserer eigenen Gedanken beleidigt."

Take it - Change it – or leave it!

Nehm es an - ändere es - oder verlasse es!

Als ich das zum ersten Mal hörte habe ich mit den Augen gerollt.

Mich kann niemand mit solchen Floskeln beeindrucken.

Was genau ist gemeint mit diesen drei Aufforderungen?

Ich hatte keine Ahnung was der Verfasser damit meinte. Allerdings habe ich meine eigene Anwendung dafür. Nachdem ich verstanden habe das es eine Aufforderung an MICH ist. Der aktive Part muss von MIR ausgehen. Das gefällt mir! So habe ich es in der Hand. Unabhängigkeit und doch auch

Verpflichtung. Eine Verpflichtung mir gegenüber. Keine Ausreden mehr.

Noch heute stelle ich mir genau diese 3 Fragen, wenn ich in Situationen komme die mir unangenehm. Nehme ich es an? Kann ich es ändern? Oder Verlasse ich die Situation und beginne etwas Neues?!

Die Freiheit selber zu bestimmten wie wir mit etwas umgehen, scheint für einige Menschen eher beängstigend zu sein.

Ihnen möchte ich folgenden Text als Denkanstoß schenken. Ich habe es im Internet entdeckt.

Ein hinduistische Priester Gaur Gopal Prabhu Im Internet gibt es dieses tolle Video mit der Frage:

„Do you have a problem in life?" °2

Frei übersetzt:

„Hast Du im Leben ein Problem?
Nein? Wieso sorgst Du Dich?!

Hast Du im Leben ein Problem?

Ja? Kannst Du es lösen? Ja?!

Wieso sorgst Du Dich?

Hast Du im Leben ein Problem?

Ja? Kannst Du es lösen? Nein?!

Wieso sorgst Du Dich?

Stimmt absolut!

Ich habe nie davon gehört, dass jemand alleine aus dem Grund, dass er sich Sorgen machte auf eine Verbesserung der Situation kam.

Veränderungen beginnen immer damit, dass der aktive Part an uns selber liegt. Wir entscheiden ob wir uns Sorgen machen.

Ob wir uns dem Schicksal ergeben oder lieber etwas tun, um die Situation zu ändern oder voranzubringen. Somit auch unseren Zielen näher zu kommen und unsere Wünsche zu erfüllen.

Oder wir lassen uns aufhalten. Durch Sorgen die wir uns machen. Unsere Gedanken darüber was alles dagegen sprechen könnte, was gefährlich daran ist, was eventuell auch nicht funktioniert. Schließlich haben wir in unserem Leben schon genug schlechte Situationen erlebt und wissen was alles passieren kann.

Negativer Erlebnisse zum Anlass zu nehmen, um sich hinter ihnen zu verstecken, sich damit einzuigeln um bloß nicht erneut etwas auszuprobieren ist einfach.

Ich frage mich manchmal wie es zum Beispiel ein Fußballspieler schafft, nach einer Niederlage wieder auf das Feld zu gehen und im nächsten Spiel neu motiviert zu sein.

Liegt es daran das er etwas gelernt hat und nun ausprobieren mag ob es klappt? Weiß er um seine eigenen Stärken und glaubt an sich?

Was auch immer es ist, er ändert etwas und macht weiter.

Wie Richard Bandler [3] (Mitbegründer des NLP) mal so toll bemerkte: „Das Beste an der Vergangenheit ist, das sie vorbei ist."

Mich allerdings an tolle Erlebnisse zu erinnern bringt mir gute Gefühle, Freude und Motivation. Alles was dazu beiträgt ein gutes Gefühl zu haben, halte ich für Erinnerungswert.

Sollte etwas so verlaufen sein das es schlechte Gefühle in den Erinnerungen hinterlässt, dann kommen die Pinguine angewackelt:

Lächeln und winken... es ist vorbei und die Zukunft bringt positives.

Mund abputzen …. etwas Neues vollbringen, was wieder gute Gefühle produziert.

Unsere Vorbilder sollten da kleine Kinder sein. Und das größte Vorbild sind Sie selber. Als Sie Kind waren! Denken Sie daran, wie Sie als Kind etwas gelernt haben. Zum Beispiel das Aufstehen und Gehen. Am Anfang immer wieder hingefallen. Sie haben sich nicht entmutigen lassen. Immer und immer wieder haben Sie es versucht. Bis Sie es schließlich beherrscht haben. Da haben Sie Ihr Vorbild. Sie sind es selber! Holen Sie sich wieder diese kindliche Motivation

Hierzu gibt es eine effektive und dazu auch einfache Übung, um sich selber bewusst zu werden wozu unsere Motivation uns bereits im Leben schon führte.

Ich weiß nicht wann Sie sich das letzte Mal Zeit für sich selber genommen haben . Interessant finde ich, dass es Menschen gibt, die das anscheinend selten bzw. niemals tun.

Der wichtigste Mensch in meinem Leben bin ICH. Wenn ich mich wohl fühle, werde ich die Energie und Kraft haben auch mein Umfeld entsprechend zu versorgen. Wenn ich also weiß wie ich meine Energiereserven auffüllen kann, dann habe ich die Zügel in der Hand und kann mich immer bei Bedarf selber versorgen.

Die Übung hierzu heißt: Meine 50 Erfolge! Es geht ganz einfach.

Nehmen Sie sich einen Stift und einen Zettel (ja es geht um handschriftliche Notizen!) und notieren Sie 50 Erfolge, die Sie im Leben schon feiern konnten.

Ich verspreche ihnen, wenn Sie fertig sind und diese Liste dann vor sich liegen haben, verstehen Sie noch mehr was es heißt sich selber zu motivieren.

Bevor Sie zu laufen lernten haben sie bestimmt schon andere Erfolge feiern können. Und ganz bestimmt danach umso mehr. Alleine wenn Sie alle Prüfungen die Sie in Ihrem Leben bestanden haben notieren, werden sie vermutlich schnell das Ziel 50 Erfolge zu notieren erreicht haben.

Und ich höre förmlich die Gedanken einiger Leser:

"50 erfolgreiche Lebensereignisse?! So viele hatte ich bisher nicht! Reicht es nicht wenn ich mit 10 starte….".

Allgemein finde ich es toll, wenn Sie überhaupt damit starten. Die Frage für mich ist eher: Wieso wissen Sie schon jetzt das Ergebnis bevor Sie begonnen haben?

Die Profis starten übrigens die Liste mit 100 Erfolgen. ;-)

„Du bist perfekt, wie Du bist.

Die Anderen jedoch auch.

Sonst ergibt der erste Satz keinen Sinn."

Die Erbsentheorie

Vielen Menschen ist die Formulierung *jemanden eine Erbse setzten* bestimmt schon mal untergekommen, Was das genau bedeutet kann ich am besten an den nachstehenden Beispielen erklären:

Frauen und Männer, alle um die 30 Jahre, sind auf einer Party. Das Alter in dem es immer häufiger zu festen Beziehungen kommt. Wo die ersten langfristigen Pläne gemacht werden.

Die jugendliche Unruhe bei einigen Menschen langsam verschwindet.

Auf einer dieser Partys kommt dann also die Erste um die Ecke und zeigt ihren Verlobungsring. Ein riesen Geschrei folgt. In der heutigen Zeit nur vergleichbar mit dem Schrei bei Ankunft es Zalando-Mannes (ist das nicht spannend wie toll diese Werbung sich in unseren Köpfen eingebrannt hat? Hut ab, an die Person, die diese Idee hatte)

Nachdem sich die Damen spontan zu diesem Jubel hinreißen ließen, folgt die unbändige Freude auf die zu planende Junggesellinnenabschiedsparty.

Und auch auf sonst alles was eine Hochzeit an Veranstaltungen, Planungen etc. mit sich bringt. So ein Fest will wohl durchdacht sein.

Zur gleichen Zeit auf der anderen Seite des Raumes, wird dem Verlobten auf die Schulter geklopft, in die Seite geknufft oder anderweitig gezeigt das man die Information aufgenommen hat. Und schon geht es auf dieser Seite des Raumes auch wieder um die wirklich wichtigen Themen der Herren.

DAS ist der Unterschied. Jede Frau im Raum, die noch keinen Antrag erhalten hat (und heiraten möchte), wird nämlich gerade jetzt diese kleine Erbse „Hochzeit" gesetzt. Und glauben Sie mir, so intensiv wird nichts anderes in der folgenden Zeit *begossen*, wie diese kleine Erbse.

Die bisher von ihrem Partner noch nicht *Gefragten* werden jede Zeitschrift zum Thema Hochzeit, Partnerschaft und Co. inhalieren. Natürlich nur, um die Braut zu unterstützen.

NEIN! Ehrlich gesagt sehen sich die Damen dann selber im Hochzeitskleid.

Sie planen parallel nämlich die eigene

Hochzeit. Den Ablauf, die Location, das Kleid... all das schauen sich die Junggesellinnen für sich selber an. Es fehlt halt nur noch der Antrag des Partners. Und da kommen wir zum blinden Fleck. Denn von all dem, merkt derjenige nichts. Lebt lustig sein Leben und freut sich auf den feucht-fröhlichen Junggesellenabschied.

Und so kommt es dann zu der nächsten Veranstaltung, wo die nächste um die Ecke schießt und den anderen Frauen ihren Verlobungsring unter die Nase hält. Okay, ich gebe zu, einer der Herren muss verstanden haben, dass nun das Wettrennen begonnen hat. Ansonsten hätte er nicht gefragt.

Oder vielleicht wurde er durch herumliegende Zeitschriften Zuhause bedrängt. Wie auch immer es dazu kam, unvermeidlich passiert bei all den übrigen Frauen: ein Wachstumsschub der Erbse * Hochzeit *

Nun stellen Sie sich vor, Sie sind die einzige die noch keinen Antrag erhalten hat. Sie würden gerne heiraten.

Ältere Verwandtschaft macht auch genau dieses Thema zur meistgefragten Frage an Sie:

„Und? Wann heiratet ihr?"

Es wird der Tag kommen, an dem der Partner unangekündigt verbal eine Backpfeife von Ihnen erhält. Wenn nämlich diese ehemals kleinen Erbse im Hinterkopf die Größe des ganzen Kopfes eingenommen hat.

Er kommt vielleicht eines Tages nach Hause und fragt: „Schatz, wie war Dein Tag?" Und Sie schreien dem verblüften Freund entgegen: „Das kann Dir doch wohl egal sein, Du hast mir ja nicht mal einen Antrag gemacht!!"

Die Herren haben übrigens auch Themen, an denen die Erbsentheorie sichtbar wird. Autos zum Beispiel.

Immer wenn mein Freund nach einem Männerabend nach Hause kam und sich ins Büro an unseren PC setzte, ahnte ich Schreckliches. Mit einem schnellen Blick auf den Bildschirm wurde ich bestätigt. Er konfigurierte! Mein Freund saß am Computer und hatte die Seite eines Autoanbieters geöffnet und bastelte sich sein Traumauto zusammen. Aus der Grundausstattung des Models erstellte er mit allem Zipp und Zapp DAS Auto. Seine Variante, die er gerne haben möchte. Ich brauchte nur noch fragen:" Na, wer hat ein neues Auto von Deinen Kumpels?"

Und mir war klar, dass wir auch bald ein

neues Auto bekamen!

Ersetzen Sie diese beiden Geschichten mit Themen die in ihrem Leben wichtig sind. Die Erbsentheorie sagt aus, dass ein Thema, je häufiger es auftaucht, einen gewissen Platz in unserem Leben einnimmt. Wenn der Focus auf etwas gesetzt wird, er in unserem Leben eine Rolle spielt.

Aus einer Idee wird dann Realität.

Oder: Wiederholung schafft Wahrheit!

Ich möchte beidseitig für Verständnis werben, dass die andere Seite gegebenenfalls von der eigenen Erbse nichts weiß und dann auch nicht so reagiert wie wir es erwarten. Hierzu passt ein Lebensmotto von mir:

„Sprechenden Menschen wird geholfen."

Hier schließt sich der Kreis zum Thema am Anfang des Buches unter der Rubrik: HHH (Höflich hartnäckig hilft).

Setzen Sie eine Erbse und lassen Sie diese wachsen indem Sie immer wieder auf dieses Thema kommen.

„Es wächst das worauf wir unsere Aufmerksamkeit legen."

Es gibt so viele Leute, die Dir sagen:

„Das geht nicht." Dreh Dich um und sage ihnen:

„Schau mir zu."

Glaubenssätze und Sichtweisen

Wir haben immer viele Möglichkeiten auf etwas zu reagieren. Ich war auf diesem Seminar in München. Mein Arbeitgeber hatte beschlossen keine Fortbildungen für Mitarbeiter mehr zu finanzieren. Also beschloss ich trotzdem eine Fortbildung zu besuchen und aus meiner eigenen Tasche den Betrag für das Seminar, Anreise und Übernachtung zu zahlen. Mit meinem kleinen Teilzeitgehalt und der bestehenden Finanzierung meines Zuhauses war das eine Investition, die auf dem Konto konkret spürbar war.

Da es sich bei dem Seminar um eine Veranstaltung in München von und mit Richard Bandler [3] *(Mitbegründer des NLP Neurolinguistische Programmieren)*, sowie seinem ebenso genialen Kollegen

John LaValle[3] handelte, würde die Veranstaltung in Englisch abgehalten werden, das war mir klar.

Nach kurzem Überlegen entschied ich mich auch noch Geld in einen Übersetzer zu investieren. Schließlich hatte ich viel Geld für das Seminar aufgebracht, um mich fortzubilden. Daher war es notwendig zu verstehen was dort gesagt wurde und was dort passierte.

Meine Annahme war, dass meine Englischkenntnisse hierfür unzureichend waren. Spätestens als ich mich an meine Schulzeit erinnerte und mir eine Englischnoten in den Sinn kamen, war ich froh das Geld für einen Übersetzer investiert zu haben

Soweit zu den Vorbedingungen. Jetzt also in München angekommen, die

Veranstaltung begann und nach ca. 20 Minuten passierte etwas für mich bis dahin unvorstellbares. Ich nahm die Kopfhörer ab und verfolgte das Seminar ohne Übersetzung.

Und ich war fuckin´surprised, das ich fast alles verstehen konnte.

Nach dem ersten Tag war ich nicht nur sicher fachlich die richtige Entscheidung mit diesem Seminar getroffen zu haben, sondern auch auf die Übersetzung verzichtet zu haben war absolut richtig.

Zack, und da war er dann. Der Gedanke: na toll, dann hast Du das Geld für den Übersetzer ja rausgeschmissen. Mist! Viel Geld für nix!!

Gerade wollte ich mein Programm abspulen, wieso ich mit der Buchung des Übersetzers einen Fehler gemacht hatte,

(das Geld konnte ich anderweitig gut anders gebrauchen) da fiel mir gerade früh genug ein, dass an diesem Tag ja genau das das Thema war.

Nämlich wie gehe ich mit mir und meinen Entscheidungen um. Gibt es immer nur eine Sichtweise oder kann es sein, dass ich heute etwas über mich gelernt hatte?

Kaum gedacht, fing ich auch schon an diese Gedanken zu sortieren. Ich trat also geistig einen Schritt zurück und sah:

1. Ich hatte überraschenderweise super viel auf Englisch verstanden, was ein sehr gutes Gefühl machte. Ich war stolz auf mich

2. Ich hatte mein Englisch auf diese Art aufbessern und festigen können. Learning by doing!

3. Mir im Vorwege einen Übersetzer gebucht zu haben, hatte mich vor dem Seminar total beruhigt, da ich sicher war alles mitzubekommen UND sogar während der Veranstaltung konnte ich ständig darauf zurückgreifen, sofern notwendig. Also hatte ich eine Art „Fallschirm" dabei, falls ich unsicher würde.

Plötzlich war die Investition für mich mehr als richtig! Im Sommer sollte es nach Schottland gehen, im Herbst nach England und im Winter in die USA. Hierfür fühlte ich mich nun was die Sprache anging gut gerüstet.

Darüber hinaus spielte ich seit einigen Jahren immer mit dem Gedanken eine Sprachreise zu buchen, um endlich meine Englischkenntnisse aufzubessern.

DAS hatte ich also alles in einem hier

schon erledigt. WOW!

Als mir bewusst wurde was ich in diesen wenigen Tagen alles erreicht hatte, kam automatisch ein Glücksgefühl bei mir auf.

Ich war unendlich stolz und sehr zufrieden. So gehe jetzt oft mit Situationen um. Schaue aus einer anderen Perspektive. Ändere meine Sichtweise.

Wenn ich also zum Beispiel im Stau stehe, wieder mal eine Vollsperrung auf der A1 und Helga mittendrin, dann bleibe ich entspannt Früher wurde meine Laune mit jeder Minute schlechter. Schließlich hatte ich besseres zu tun als im Stau zu stehen. Heute weiß ich wie ich meine Zeit dann sinnvoll nutze. Zunächst habe ich dafür gesorgt immer ein Hörbuch dabei zu haben. Zuhause habe ich noch nie geschafft eines anzuhören.

In einer solchen Situation habe ich die Zeit. Ich schalte das Hörbuch ein und genieße es eine Geschichte vorgelesen zu bekommen.

Wenn ich jemanden mit an Bord habe, habe ich mich darauf besonnen die guten alten Spiele zu spielen: „Ich sehe was, was Du nicht siehst" oder Personenraten usw.

Auf diese Art habe ich auch eine 7-stündige Fahrt von Hamburg nach Münster überbrückt. Total entspannt mit einem somit auch noch gutgelaunten Kleinkind. Nebenbei sei erwähnt, dass ich bei Ankunft Zuhause auch entsprechend müde war und samt Kind ratzfatz eingeschlafen bin.

Unendlich glücklich darf ich ja auch sein, dass ich nicht in den Unfall verwickelt bin der sich vor dem Stau abgespielt hat.

Liebe LeserInnen, ich wünsche Ihnen das gleiche Glücksgefühl bei solchen Erlebnissen, wenn anscheinend negative Situationen sich so gedanklich auflösen und in eine positive Sichtweise umkehren.

Schauen Sie bei sich. Was sagen Sie sich in Situationen, die plötzlich unsinnig erscheinen? Hadern Sie damit? Haken Sie diese gleich ab? Oder sind auch Sie schnell in der Lage daraus das Beste zu machen?

Menschen leben mit Glaubenssätzen. Alles was in ihrer Welt passiert halten Sie für richtig. Was Sie sehen und erleben ist Realität.

Doch was ist wenn wir unseren Horizont erweitern?

Neue Blickwinkel in unser Leben lassen? Uns anhören wie die Welt auch sein kann?

Stellen Sie sich bitte einmal eine Weltkugel vor. Sie steht genau vor Ihren Augen und Sie sehen auf Europa und Afrika. Angenommen auf der anderen Seite der Weltkugel steht eine andere Person. Wenn ich Sie nun auffordere zu beschreiben was sie sehen, werden sie von den beiden Kontinenten sprechen, dem Meer das sie teilt, das an ihren Küsten liegt. Vielleicht nennen Sie entsprechende Namen von Städten, Flüssen oder Bergen.

Frage ich nun die Person auf der anderen Seite wie "Ihre Welt" aussieht, dann wird eine andere Beschreibung folgen. Andere Kontinente sind zu sehen, andere Länder und Städte. Es bleibt eine Welt und doch haben wir zwei verschiedene Aussagen über sie. Beide Aussagen sind richtig. Das ist eine der Grundlagen, die ich mir immer wieder ins Gedächtnis rufe: jeder hat "seine Welt" und aus seiner Sicht ist es auch immer richtig.

Es kann sich mit meiner Sicht decken, kann allerdings auch ganz anders sein.

Was bedeutet das für meinen Alltag? Zunächst einmal, bin ich heute weniger verwundert wenn Menschen Situationen anders wahrnehmen und erleben als ich es tue.

Und ich weiß auch, dass jegliche Betrachtungen richtig sind.

Richtig immer aus der Sicht der

jeweiligen Person

Ich akzeptiere das Menschen die gleiche Situation anders bewerten und erleben. Die Offenheit auch andere Denkweisen in mein Leben zu lassen, macht mich flexibel für Neues und lässt mich mit Leichtigkeit durch den Alltag geht.

Denn ich kämpfe nicht darum, dass MEINE WELT als die einzig richtige angesehen wird.

Ich erhalte durch meine Offenheit anderen gegenüber neue Ideen und entwickle mich ständig weiter.

Und so weiß ich auch heute noch, dass jeder Cent für den Übersetzer eine richtig gute Investition war. Diese Tage in München waren für mich erneut richtungsweisend. Ich bestimme mit meiner Sicht auf die Dinge meine

Emotionen. Wie es mir geht. Ob ich auf neue Ideen komme.

Inzwischen sehe ich es als Beleidigung an wenn jemand zu mir sagt: „ Du hast Dich ja gar nicht verändert!" Oh doch, das habe ich. Und mein Element fühlt sich klasse an. Meine Welt ist bunt und abwechslungsreich. Und wenn ich Ruhe suche, dann weiß ich auch wo ich diese finde. Ich habe die Auswahl…

„Jeder ist ein Genie. Aber wenn Du einen Fisch danach beurteilst, ob er auf einen Baum klettern kann, wird er sein Leben lang denken, er sei dumm."

Albert Einstein

Abschließend

eine kleine Geschichte

Es war einmal ein Erfinder und Zauberer. Er wohnte in einem Fliegenpilz am Waldesrand. Mit seinen 85 Jahren war er noch immer ein rüstiger Mann.

Meist trug er einen langen Mantel, den er mit einem Gürtel fixierte. Darunter ein weißes Hemd und seine braune Cordhose. Deine langen gezwirbelten Schnurbarthaare wippten lustig, wenn er sich bewegte.

Dies verlieh seinem Gesicht den Ausdruck, dass er immer lächeln würde. Unterstützt wurde das durch die Lachfalten um seine Augen.

Hellblau schauten diese Augen in die Welt hinaus.

Auch das wuselige, kurzgeschnittene, weiße Haar schien die Heiterkeit des Erfinders enorm zu unterstreichen.

Er lebte in seinem aus Holz möblierten, gemütlichen Heim. Immer wenn er in der Haustür stand und in sein Wohnzimmer blickte, überkam ihn diese Freude ein solch schönes Heim zu besitzen. Seine Blicke streifte den Holztisch mit seinen dazu passenden 8 Stühlen.

Oft hatte er Gäste Zuhause.

Dann wurde in der Küche gemeinsam gekocht, geredet, gelacht und an diesem schönen Tisch geschmaust.

Am späten Abend zog er sich dann alleine in seine Schlafkammer zurück und genoss seine Gedanken an diese schönen Stunden.

Als er eines Tages durch den Wald ging, hörte er in einem hohlen Baumstamm ein leises Schluchzen. Im Wald lagen viele solcher Baumstämme, kleine Baumtunnel, in denen es sich zum Beispiel bei Regen gut unterstellen oder vor anderen Waldbewohnern verstecken lässt.

Ein wimmerndes „Huhu huhu" war zu hören.

Sofort macht sich der Zauberer auf den Weg um herauszufinden, wer in dem ausgehöhlten Eichenstammtunnel so wimmerte.

Durch seine respektable Größe von fast 30 cm erschien er manchen beängstigend groß. Daher rief er leise bevor er um die Ecke schaute: „Hallo?

Ich bin es, der Erfinder und Zauberer. Wer ist denn da?"

Da er Spaß daran hatte Quatsch zu machen, zog er bei dem Blick um die

Ecke eine lustige Grimasse. Bevor er etwas anderes sehen konnte, vernahm er schon das Gekicherte eines Eichhörnchens.

Dieses kleine Eichhörnchen sah wunderschön aus mit ihrem buschigen Schwanz und dem toll glänzenden Fell.

Sie lächelte den Zauberer unter Tränen an und sagte: „ Ich heiße Lisa."

Der Zauberer streckte ihr die Hand entgegen und nahm die warme Pfote von Lisa entgegen. So standen sich die zwei lächelnd gegenüber und sahen sich an. „ Ein so hübsches Eichhornmädchen habe ich noch nie gesehen" dachte der

Zauberer und ertappte sich dabei noch mehr zu lächeln.

Er beschloss es ihr direkt zu sagen: „Du bist wunderschön, Lisa" brach es aus ihm heraus.

Lisa strahlte verlegen und konnte nur ein leises „Danke" hervorbringen.

Jetzt erst wurde dem Zauberer bewusst dass Lisa kleine Tränen über das Gesicht liefen. Mit einem Blütenblatt wischte er diese weg und trocknete das Gesicht von Lisa.

Er bot ihr an mit zu sich nach Hause zu kommen, wo er bald schon 6 weiter Freunde erwartete. Sie wollten gemeinsam am Lagerfeuer sitzen. Vielleicht etwas spielen oder musizieren. Einfach gemeinsam Spaß haben und den Abend zusammen verbringen.

Lisa riss die Augen auf und es platze aus ihr heraus: „ Einfach so?" So etwas war ihr noch nie passiert. Dass sie überhaupt von dem Zauberer hier im Baumstamm wahrgenommen wurde wunderte sie.

Der Zauberer fuhr fort, dass seine 6 Freunde, bestehend aus:

2 Eichhörnchen, einer Eule, einer Waldmaus und 2 Hasen, oft bei ihm zu Gast waren und diese sich auch immer über neue Freunde freuen würden.

Er sah Lisa freundlich an, durch einen Windstoß wippten seine Barthaare leicht und er wirkte so lieb und gutmütig auf Lisa.

„Das geht doch gar nicht!" sagte Lisa. „Wie soll das denn funktionieren das ihr euch alle versteht, wo ihr doch alle so unterschiedlich seid?"

Das kleine Eichhörnchen schüttelte den Kopf und fuhr fort: „ Schließlich passt ihr nicht zusammen. Eine Eule und eine Maus befreundet? Dann sitzen ja Feind und Beute an einem Tisch. Da wird der Abend nicht mit den Worten *und sie lebten gemeinsam weiter bis an ihr Lebensende* beschlossen werden."

Der Zauberer lachte und begann seiner neuen Freundin von dem Tag zu berichten, als ihm klar wurde wie blind er war. Er dachte genauso wie sie. War voller Vorurteile und Annahmen. Das Leben war voll Neid, Hass und Angst. Er beschloss damals seinem Leben mehr Freude zu geben. Als im klar wurde das er es in der Hand hatte sein Leben so glücklich zu machen wie es nur geht.

„Und dazu muss niemand nach Panama" ergänzte er grinsend.

Lisa legte den Kopf schief und fragte. „Panama?".

Wieder lachte er herzlich auf und erklärte: „ ja, das ist ein Buch[4] welches ich gelesen habe. „Oh wie schön ist Panama" heißt es.

Darin wird beschrieben das es nicht wichtig ist irgendwas irgendwo zu suchen, sondern JETZT zu beginnen und bereits vorhandenes zu nutzen."

Außerdem: „Wenn man einen Freund hat, ... braucht man sich vor nichts zu fürchten." zitierte er den Autor Janosch

Mit diesen Worten kam ein sehr warmer Lufthauch in den Baumtunnel gepustet. Lisa verstand was dieser tolle Zauberer meinte. Sie selber war ja gerade in dieses Versteck geflüchtet, damit niemand mitbekam wie sie weinte. Und, war es eben nicht noch dunkel und traurig? War sie eben nicht noch so unzufrieden? Mit sich. Mit den anderen. Wie konnte es sein, dass sie sich jetzt plötzlich so befreit und leicht fühlte? Sie war glücklich.

Am liebsten hätte sie ihren neuen Freund umarmt, so sehr zersprang ihr Herz gerade vor Freude über so viel Zuspruch und positiver Energie.

Gerade noch hörte sie sich selber sagen: „ Ich komme gerne zu Dir", als sie sich auch schon über ihre eigene Courage erschrak.

Der Zauberer sah Lisa zucken und dachte dass sie wohl etwas unsicher war.

„Lisa, überlegt es dir ganz in Ruhe, ich wohne da drüben im Fliegenpilz". Er zeigte mit einer Handbewegung auf sein Heim, welches dort am Baum in den warmen Sonnenstrahlen glänzte.

Lisa nickte. „ Es kommt mir gerade vor als sei ich in einem Traum oder in einem unbekannten Land. Alles wirkt so leicht und selbstverständlich bei Dir, Zauberer. Hast Du denn nie Angst vor Fremden oder Neuem. Hast Du niemals Sorgen? Und wie heißt du eigentlich?"

Der Zauberer schüttelte den Kopf.

„ Sorgen?" Er schaute in den Himmel. „ Weißt Du, davon hatte ich in meinem Leben genug. Ich habe mich einfach mal heftig geschüttelt, um meine Gedanken kräftig durch zu wirbeln und auf neue Sichtweisen zu erhalten. So kam ich auch auf meinen Namen, meine Freunde nennen mich *SHAKE*. Der Mann der sich einmal schüttelte und jetzt lieber lebt anstatt Sorgen zu haben. Und du hattest auch genug Sorgen. Ab heute wird gelebt. Mit Liebe und Leidenschaft wird dein Leben frei und einfach. Erfreue dich an den Dingen, die Dir gut tun und du wirst merken wie leicht alles wird. Meine Freunde sagten mal zu mir:

Die Lösung zu einem glücklichen Leben liegt in jedem Menschen selber… *ENDE dieser Geschichte*

Ich wünsche Ihnen, dass auch Sie ihr Element finden, in dem Sie zufrieden und mit viel Spaß leben.

Das Sie, egal was in Ihrem Leben passiert, die Möglichkeiten nutzen einen weiteren Blick auf die Welt zu richten. Sie sich selber als sehr wertvoll ansehen und auch so mit sich umgehen.

Es gibt nicht nur schwarz und weiß, denn es gibt auch Schattierungen in grau. Je größer die Farbpalette ist, desto bunter werden die Bilder.

In einer Geschichte von Winnie Puh fragte das Ferkel einmal: „Wie schreibt man LIEBE?" und Winnie Puh antwortete: „LIEBE schreibt man nicht. Man fühlt sie."

Das wünsche ich allen Menschen. Dieses Gefühl zu erleben.

Wie es sich anfühlt seinen eigenen Shake an Erkenntnissen, Sichtweisen, Bewusstsein und Wertschätzungen zu kreieren und sein Leben noch schöner und lebenswerter zu gestalten.

Zu erkennen, dass das Glücksprinzip „Ich sende ein wenig Glück in meine Umwelt, zum Beispiel ein Lächeln und es startet eine Epidemie" funktioniert und so einfach zu realisieren ist.

Und wenn Sie mal auf Menschen treffen, die motzig und unzufrieden sind, dann lächeln Sie es weg und denken:

„ Sei ruhig schlechtlaunig. Das ist Dein Problem. Und Du darfst es auch behalten!"

Denn aus der Chemie wissen wir: nicht alle Elemente können sich miteinander verbinden.

In diesem Sinne, wünsche ich Ihnen ein tolles Leben!

Ein dicker Dank geht an

Meine Tochter Jana, die jeden Tag mein Spiegel ist, meine Herausforderung, meine Liebe und mein Glück. Danke, dass Du mich forderst und inspirierst.

Meine Mutter und meinen Vater, denn sie beide haben mich immer spüren lassen, dass sie an mich glauben. Egal wie verrückt meine Ideen und mein Verhalten für sie waren. Ich vermisse Euch.

Meine Schwestern, sie ließen mich erkennen welche Fähigkeiten ich besitze.

Meine Freunde: Drea, Börnie, Kasi, Elli, Nesrin, Tobi, Henning, Armin, Katja und den Mädels. Ihr seid der Oberhammer und unterstützt mich sensationell!

Meine beruflichen Wegbegleiter: Wiebke

Lüth und Marc Pletzer (Fresh-Academy), die meinen Engel auf der Wolke immer wieder kotzen sehen mussten bis ich begriff, dass die Energie in MIR ist und es *No Limits* gibt

Rolf Ackermann (Skill GmbH) und Andrea Kaluza, die meine Komfortzone so unendlich erweitert haben und ich so meine alten Ketten sprengen konnte.

Und den vielen lieben Rückmeldungen von Bekannten und Teilnehmern.

Danke, dass ihr Teil meines Weges seid.

Die Autorin

Helga Wilmes ist eine gebürtige Schleswig-Holsteinerin, die bis Anfang 30 in einer Kleinstadt bei Hamburg gelebt hat.

Inzwischen lebt sie mit ihrer Tochter in NRW bei Münster und hat dort 2014 ihre Firma Burmeister-Training gegründet.

Durch ihre vielfaltigen Kommunikationsausbildungen (Reiss-Masterin, NLP Master und Coach, Suggestopädin) entwickelte sie im Laufe der Jahre eine eigene Form Menschen zu motivieren und die Möglichkeit die Energie der einzelnen Menschen individuell zu fördern, so dass sie optimal genutzt werden können.

Einen Shake, der je nach Geschmack

aus erlernten Kommunikationstechniken zusammengemixt wird.

Individualität und Transparenz als Motor zur Veränderung.

Durch ihre vielen Reisen und damit verbundenen Bekanntschaften mit den verschiedensten Menschen, kam die Motivation auf dieses Buch zu schreiben.

Und wieder geht ein Wunsch in Erfüllung.

Quellennachweis:

°° *Thorsten Havener , http://www.thorsten-havener.com/*

°1 Die Pinguin –Geschichte aus dem Buch:" Glück kommt selten allein…" von Dr.med. Eckart von Hirschhausen, (Seite 355)

°2 hinduistische Priester Gaur Gopal Prabhu, https://www.youtube.com/watch?v=3tbEN2L7IqE

°3 Dr. Richard Bandler, http://richardbandler.com/ John LaValle http://www.nlplifetraining.com/trainers/john-lavalle

°4 Oh wie schön ist Panama", ein Buch von Janosch